En complément de ce livre, vous pouvez visiter le site d'**Alain Lancelot** :
www.sophro-reussite.com

Ouvrage réalisé avec la collaboration d'Anne-Laure Schneider

Crédits des illustrations : dessins de Cécile Cazanova, p. 23, 35, 57, 77 et 83 ; Shutterstock © Rick Moser, p. 15 / Serhii Mudruk, p. 20 / Artishok, p. 31 / MSSA, p. 41 / firedark, p. 51 / Arak Rattanawijittakorn, p. 53 / watchara, p. 56 / Mialima, p. 69 / Nadia Buravleva, p. 75.

Direction de la publication : **Isabelle Jeuge-Maynart et Ghislaine Stora**
Direction éditoriale : **Agnès Busière**
Édition : **Laure Sérullaz**
Lecture-correction : **Laurence Alvado**
Mise en page : **Les PAOistes**
Couverture : **Anna Bardon**
Fabrication : **Geneviève Wittmann**

ISBN 978-2-03-594861-8

Imprimé en Espagne par Unigraf
Dépôt légal : janvier 2018
320612/04 – 11042956 – septembre 2019

LES MINI LAROUSSE

Les 50 règles d'or de la sophrologie

pour une pratique quotidienne

Alain Lancelot

LAROUSSE
21 rue du Montparnasse 75283 Paris Cedex 06

Sommaire

La sophrologie ne s'occupe pas du « pourquoi je vais mal », mais du « comment aller mieux ».

Appliquez les principes de la sophrologie

La sophrologie, créée en 1960 par le neuropsychiatre **Alfonso Caycedo** (1932-2017), est plus qu'une technique psychocorporelle. Elle permet un travail efficace sur les plans personnels comme professionnels, qu'il s'agisse de gestion du stress ou de l'anxiété, de confiance en soi, du sommeil ou encore de la douleur, et de renouer ainsi avec le positif. Inspirée par divers concepts philosophiques autant que par des techniques millénaires utilisées au Tibet, en Inde ou au Japon pour maintenir le lien entre le corps et l'esprit, elle aboutit à une prise de conscience progressive de la complémentarité de l'esprit et du corps, transformant toute personne qui la pratique.

LES TROIS PRINCIPES FONDAMENTAUX

Ils vont vous aider à mieux vivre votre quotidien et à *prendre soin de vous* en douceur.

- **Le principe d'action positive** vous permet de réaliser que toute action positive sur le corps ou sur le mental se répercute sur tout votre être. C'est pour cette raison que la sophrologie se base sur le positif, sans pour autant nier les difficultés rencontrées.
- **Le principe du schéma corporel comme réalité vécue** vous permet de prendre conscience de l'importance de votre corps, de vos ressentis et de la représentation que vous en avez.
- Enfin, **le principe de réalité objective,** qui concerne à l'origine le lien entre le sophrologue et son patient, est intéressant, selon moi, à appliquer plus largement à la vie de tous les jours. Il vous permettra de prendre en compte tous les événements que vous ne pouvez pas changer dans votre quotidien pour mieux les accepter et de trouver en vous les ressources pour les dépasser.

Ce qui nous amène à un quatrième principe que je développe depuis de nombreuses années : **la notion d'adaptabilité.** Apprendre à vous adapter à ce qui vous arrive vous permettra de penser différemment en renforçant votre mental.

Travaillez « en conscience »

Pour pouvoir tirer parti des exercices et des conseils de ce livre, une lecture en pleine conscience sera utile. Travailler en conscience vous permettra de calmer le brouhaha mental d'une journée chargée et fera taire vos pensées parasites. Au quotidien, cela signifie (ré)apprendre à être présent à vous-même et cesser de faire plusieurs choses à la fois.

EXERCICE DE PLEINE CONSCIENCE

1. Asseyez-vous et prenez conscience des points d'appui de votre corps.
2. Respirez amplement et doucement en portant toute votre attention sur l'air entrant dans vos narines puis poursuivant son parcours dans votre gorge, jusqu'à vos poumons ou votre ventre, et posez-vous la question : « Qu'est-ce que je ressens en ce moment ? » Soyez attentif à vos ressentis corporels !

Pratiquez la tridimensionnalité

Le passé, le présent et le futur constituent le maillage de votre vie.

• **Travailler sur votre passé** revient à puiser dans vos souvenirs positifs pour prendre conscience de vos capacités et de vos ressources, mais aussi à prendre de la distance avec vos souvenirs douloureux et les émotions qu'ils engendrent.

• **Travailler sur votre présent** signifie vivre et être dans le « ici et maintenant ». Vivre chaque événement sans interprétation du mental et les accepter tels qu'ils adviennent.

• **Travailler sur votre futur** consiste à vous projeter positivement, en vous plaçant dans une spirale de réussite. Le stress et le manque de confiance augmentant avec l'inconnu, la visualisation que nous aborderons dans la règle 15 sera l'une des clés de la réussite de ce travail.

Ancrez-vous dans votre présent en vous aidant de votre passé pour préparer sereinement votre futur.

Redécouvrez votre corps

Nous vivons dans une société d'images, et tous les jours, vous êtes incité à travailler sur l'apparence de votre corps sans pour autant prendre soin de lui « de l'intérieur ». Cette course à l'image peut rapidement vous faire entrer dans un cercle vicieux, vous éloignant de vos vrais besoins et écornant dans le même temps l'estime que vous aviez de vous.

J'ACCEPTE MON CORPS !

Accepter votre corps tel qu'il est consiste à vous regarder objectivement sans porter aucun jugement qui serait biaisé par votre humeur du moment. Si l'esprit – vos pensées et vos émotions – agit sur votre corps et peut vous aider à mieux vivre avec, il est nécessaire en premier lieu de bien le connaître.

L'exercice proposé ici va vous permettre de reprendre conscience de votre corps, avec ses qualités et ses défauts, et de l'accepter tel quel.

EXERCICE D'ACCEPTATION DE SON CORPS

1. Mettez-vous debout, les pieds dans l'alignement du bassin et la tête droite. **Prenez conscience de votre ancrage dans le sol.**
2. Croisez les doigts des mains devant vous, les paumes tournées vers le sol [vos bras ne sont pas tendus]. Tournez lentement le buste et les épaules, de droite à gauche, sans faire bouger ni la tête ni le bas du corps, les bras suivant le mouvement. Conservez une respiration naturelle.
3. Continuez ainsi de pivoter, en passant vos mains devant le ventre, le thorax, le cou, le visage et jusqu'au-dessus de la tête.
4. Une fois vos mains au-dessus de la tête, faites pivoter vos poignets pour ramener vos paumes vers vous, puis redescendez les mains. Durant la descente, visualisez votre corps comme si vous aviez une caméra à la place de vos mains.
5. Regardez votre corps avec *bienveillance, tel qu'il est*, et prenez conscience de vos ressentis.
6. Réitérez l'exercice au moins deux fois.

Apprivoisez votre esprit

Vous avez le sentiment de développer trop de pensées négatives et anxiogènes ? Vous avez la possibilité de changer cela. Il faut savoir que, **chaque jour, cheminent par votre cerveau 60 000 pensées en moyenne, dont près de 80 % sont négatives.** Même si notre société est en grande partie responsable de cet état de fait, rien ne vous contraint à entériner cette situation. Ce n'est pas parce que tout le monde stresse autour de vous que vous devez l'être.

JE REPRENDS LE CONTRÔLE !

Devenez ou redevenez « maître de votre mental ». Entre une pensée positive et une pensée négative, selon vous, laquelle va prendre le dessus ? La réponse est : celle que vous allez entretenir ! Notre cerveau est ainsi fait que plus vous pensez à quelque chose, plus vous le cultivez. Une pensée positive nécessitant autant d'énergie pour prendre vie qu'une pensée négative, *à vous de faire le bon choix !*

MES CONSEILS

1. Concentrez-vous sur l'aspect positif d'une situation qui vous paraît, à la base, difficile à gérer.
2. Cessez vos monologues mentaux et revenez à ce que vous faites dans l'instant.
3. Portez un regard bienveillant sur vous-même et sur les autres.
4. Repérez les sujets, les situations, les personnes et les moments de la journée qui agissent comme des déclencheurs d'une pollution mentale, pour mieux les anticiper.
5. Prenez le temps d'agir : plus vous cherchez à faire vite, moins vous êtes à ce que vous faites et plus votre esprit risque d'être dépassé.
6. Prenez conscience de vos qualités et de vos capacités.
7. Utilisez votre pouvoir de visualisation comme proposé à la règle 15.

RÈGLE 6

Corps et esprit, un lien à cultiver

« La sophrologie considère l'homme comme un être indivisible, original et transcendant... ». Par ces termes, Alfonso Caycedo revient sur ce lien étroit entre l'esprit et le corps.

DES PREUVES SCIENTIFIQUES...

Cette complémentarité évidente, reconnue depuis des millénaires en Asie, est régulièrement démontrée par les études réalisées sur l'efficacité des méthodes psychocorporelles. En 2016, une équipe de l'université de Pittsburgh aux États-Unis a démontré que les plus grandes zones de connexions entre le cerveau et d'autres parties du corps sont celles qui sont impliquées dans la cognition et l'affect, et, en 2017, une méta-analyse (Ivana Buric, *Frontiers in Immunology*) a montré que la pratique des techniques qui allient le corps et l'esprit (yoga, méditation, sophrologie...) modifie l'expression de nos gènes et laisse une « signature *moléculaire* ».

… ET DES PREUVES FACTUELLES

Vous constatez ce lien chaque jour : vous recevez une bonne nouvelle, vous avez alors de l'énergie à revendre, mais si vous apprenez une mauvaise nouvelle vous vous sentez physiquement vidé ; lorsque vous êtes stressé, remarquez ce besoin que vous avez de bouger : vous utilisez inconsciemment votre corps pour réguler vos émotions. Ainsi, il existe une relation directe et évidente entre nos maux, nos tensions corporelles, voire nos maladies (lisez « le mal a dit ») et nos émotions.

EXERCICE D'ÉCHANGE ENTRE LE CORPS ET L'ESPRIT

1. Asseyez-vous et prenez conscience des points d'appui de votre corps, tout en repérant les pensées qui viennent à votre esprit.
2. Identifiez les zones de confort ou d'inconfort dans cette position, sans pour autant en changer.
3. Identifiez les pensées qui en découlent, prenez-en conscience et regardez-les passer mentalement, sans vous y accrocher.
4. Respirez calmement et appréciez ce moment d'écoute, d'échange entre vos pensées et votre corps.

Découvrez le niveau sophro-liminal

Pour vous permettre de mieux réaliser les exercices proposés dans ce livre, je vous invite à découvrir l'état « Alpha » (ou « état modifié de conscience »). L'activité neuronale de notre cerveau est transmise par l'influx nerveux et a été codifiée par des lettres grecques : « Bêta » (plein éveil), « Alpha » (entre la veille et le sommeil), « Thêta » (sommeil léger) et « Delta » (sommeil profond).

TROUVER UN ÉQUILIBRE...

L'état Alpha se caractérise par un ralentissement important des ondes cérébrales (fréquences comprises entre 7,5 et 12,5 Hz) et par une réceptivité plus grande des ressentis. Dans cet état, les deux hémisphères du cerveau fonctionnent en parfaite harmonie, tandis que, durant la phase d'éveil, nous fonctionnons souvent avec un hémisphère en priorité (le gauche en cas de travail analytique et de réflexion, et le droit pour l'intuition et la créativité). Cet état vous aidera, entre autres, à mieux gérer votre stress, à être plus présent à vous-même, à développer votre concentration et votre confiance en vous.

EXERCICE POUR ATTEINDRE L'ÉTAT ALPHA

1. Asseyez-vous ou allongez-vous, et isolez-vous en fermant les yeux. Prenez trois grandes respirations.
2. Concentrez-vous sur le bruit de l'air qui entre par vos narines et qui ressort par votre bouche.
3. Portez votre attention sur votre corps, soyez dans les ressentis... Percevez une douce sensation de chaleur se répandre progressivement, en commençant par votre tête, votre cou, vos épaules, puis vos mains. Sentez votre dos se détendre, comme s'étaler sur son support, votre cage thoracique s'ouvrir, votre ventre se relâcher. Poursuivez avec le bas du corps jusqu'à vos talons et vos pieds qui reposent relachés.
4. Prenez conscience de votre corps à présent détendu et relâché sur son support et de votre esprit plus à l'écoute de ce qui peut advenir.

Sophrologie et hypnose

Avant de créer la sophrologie, Alfonso Caycedo a ouvert une école d'hypnose. Bien que différentes, les techniques de la sophrologie et de l'hypnose permettent toutes deux d'utiliser nos propres ressources et capacités pour un mieux-être au quotidien. La première implique la conscience et le corps, tandis que l'autre sollicite l'inconscient.

DES MÉTHODES POUR PRENDRE SOIN DE SOI

Depuis les apports du psychiatre et psychologue américain **Milton Erickson**, les deux méthodes ont en commun de vouloir rendre la personne **autonome**, en lui donnant des techniques à utiliser facilement au quotidien, comme la **technique de l'ancrage par la visualisation**. Cette technique est souvent utilisée par les sportifs pour ancrer la réussite et se projeter positivement (voir règle 17).

Prenez conscience de votre respiration

Bien que vitale, la respiration est une fonction souvent négligée de nos jours. Il s'agit de prendre conscience de l'importance de ses bienfaits. **Nous effectuons mécaniquement 15 000 respirations par jour et notre cerveau consomme à lui seul 35 % de l'oxygène inhalé.** Si vous voulez être à 100 % de vos capacités intellectuelles, il est donc essentiel de savoir respirer.

DEUX RESPIRATIONS PRINCIPALES

Nous pouvons distinguer deux respirations principales : thoracique et ventrale. **En cas de stress, vous êtes en respiration haute, dite thoracique.** C'est cette respiration que l'on effectue le plus souvent de façon automatique pour exprimer des émotions comme la joie, la tristesse, la surprise ou la colère. Elle est très importante, car elle stimule les fonctions vitales du corps. **La respiration ventrale est la respiration du calme.** Elle permet de limiter mécaniquement la diffusion des hormones du stress, comme l'adrénaline et le cortisol.

Pratiquez la respiration ventrale

Toutes les façons de respirer sont utiles et nécessaires selon vos activités de la journée. La respiration thoracique vous permet de vous charger d'énergie, tandis que la ventrale fait baisser votre niveau de stress.

LA RESPIRATION DU ZEN !

Pour retrouver votre calme, le fait de déplacer votre respiration au niveau de votre ventre vous relaxera rapidement. De plus, si vous avez une boule au ventre, cela contribuera à la faire disparaître en offrant à votre corps une bonne décontraction musculaire. Alors que la respiration ventrale est celle que nous réalisons automatiquement à la naissance, elle nous demande à l'âge adulte quelques efforts. Mais vous en ressentirez très vite les effets positifs, avec un premier travail sur votre diaphragme, en dégageant votre gorge. **Cette respiration peut se pratiquer partout, à chaque fois que vous avez une montée de stress.**

EXERCICE DE LA RESPIRATION VENTRALE

1. Mettez-vous debout, les pieds dans l'alignement du bassin, la tête droite.
2. Placez une main sur le ventre et une autre au niveau des lombaires pour bien sentir votre respiration. Fermez les yeux, afin de mieux vous concentrer.

3. Inspirez par le nez en gonflant le ventre (comme un ballon, mais sans faire bouger la cage thoracique), puis expirez par la bouche en vidant le ventre et en soufflant loin devant vous.

4. Replacez vos mains le long du corps et observez quelques secondes les effets. Réitérez cet exercice trois fois ou autant que nécessaire.

Pratiquez la « sophro-respiration synchronique »

« Il n'y a personne qui soit né sous une mauvaise étoile, il n'y a que des gens qui ne savent pas lire le ciel. » Cette affirmation du quatorzième dalaï-lama résume bien les limitations que l'on peut se créer en ruminant des pensées négatives. Si vous abordez votre journée en pensant qu'elle sera difficile, elle le sera de fait ; en revanche, si vous raisonnez positivement, vous allez enclencher un mécanisme de pensée positive.

La sophro-respiration synchronique permet de synchroniser une formulation mentale (confiance, calme, lâcher-prise, moment présent...), une sensation ou une image positives avec votre respiration. Cette méthode permet un auto-conditionnement efficace *pour gérer ses peurs et retrouver confiance en soi.*

Avant de commencer l'exercice :

- **Identifiez ce dont vous avez besoin :** calme, confiance en vous, prise de recul, concentration...

• **Décidez comment vous voulez travailler** : associez un mot à votre besoin ou convoquez une image ressource représentant ce besoin (voir règles 16 et 17) ; remémorez-vous un moment du passé où vous avez vécu cette sensation attendue maintenant.

EXERCICE DE SOPHRO-RESPIRATION SYNCHRONIQUE

1. Placez-vous dans l'état sophro-liminal (voir règle 7), afin d'activer une sensation de calme, de confiance, ou des pensées positives.
2. Prenez une profonde inspiration et retenez votre respiration ; visualisez alors le mot, l'image ou la pensée positive dans votre esprit et soufflez doucement pour inscrire et diffuser en vous cette sensation.
3. Réitérez deux fois, en suivant votre respiration.
4. Prenez conscience des sensations positives ainsi ancrées.

Mon conseil : imaginez les lettres de votre mot sur une banderole devant vous de la couleur correspondant à cette sensation (blanc / calme, bleu / confiance...).

Imaginer, c'est déjà réussir

« Vouloir, c'est pouvoir » : vous avez sans doute déjà entendu cette phrase et l'avez peut-être même répétée pour vous aider ou aider un proche à surmonter une peur ou un manque de motivation. Cette croyance, très ancrée dans notre société, n'en est pas moins fausse. Effectivement, la volonté seule ne suffit pas pour dépasser des addictions ou des peurs, comme vous avez pu vous en rendre compte une fois confronté à ces situations. Bien souvent, même « la meilleure volonté du monde » ne vous permet pas de vaincre certaines peurs ou phobies (du vide, des araignées, des endroits clos, de la foule...). Votre corps le veut, mais votre mental refuse catégoriquement. Pourquoi ?

L'IMAGINATION AU POUVOIR !

Psychologue, pharmacien et père de la pensée positive, **Émile Coué** a montré qu'en cas de conflit entre l'effort volontaire et l'imagination, l'imagination l'emporte toujours. En effet, si vous vous répétez que vous n'arriverez pas à réaliser quelque chose, il y a peu de chance que vous y parveniez ; pire, en répétant cette pensée défaitiste, elle s'ancrera progressivement comme une croyance limitante. Votre imagination sera toujours plus forte que votre volonté. **Cet état de fait permet de comprendre l'importance de visualiser la réussite pour la vivre.** Si votre mental est empli de pensées positives ou de confiance, il ne laissera pas de place aux pensées négatives ou limitantes.

EXERCICE DE LA POSITIVE ATTITUDE

1. Visualisez un moment du passé durant lequel vous avez utilisé la capacité dont vous avez actuellement besoin pour dépasser une peur ou pour réussir un projet (confiance, créativité, calme, lâcher-prise...).
2. Laissez remonter le sentiment de fierté ressenti à ce moment précis et ancrez-le en vous par une profonde respiration.
3. Effectuez cette courte visualisation dès que le sentiment désormais identifié (peur...) vous envahit pour le remplacer par cette capacité positive présente en vous.

Comment fonctionne la visualisation positive ?

La visualisation positive consiste à utiliser une activité ou une faculté naturelles de l'homme : le rêve et l'imagination. Grâce aux avancées de l'imagerie mentale, nous savons que les régions cérébrales actives, lorsque l'on effectue une action, sont les mêmes que lorsque l'on s'imagine agir. **En résumé, le cerveau ne distingue pas une situation vécue d'une situation imaginée.** Effectivement, dans les deux cas, les aires motrices du cortex s'activent. C'est sur cette particularité neuronale que repose l'efficacité de la visualisation positive.

À toute situation ou image déterminée que vous visualisez s'associe un nouveau « chemin neuronal » dans votre cerveau. Si cette visualisation requiert au départ un effort de concentration, elle emprunte ce chemin avec plus de facilité à chaque nouvelle sollicitation, renforçant le canal neuronal ainsi créé.

Alors oui, vous pouvez agir sur votre quotidien, grâce à votre mental, en utilisant la visualisation comme outil pour atteindre vos objectifs et concrétiser vos envies. Sous l'influence d'une action précise, d'une émotion, d'une image ou d'une pensée, le cerveau crée de nouveaux neurones, les développe ou les réduit. Pour décrire ce phénomène, les neurologues évoquent aujourd'hui la **« triple plasticité du système nerveux »**. Un entraînement régulier vous permet ainsi d'acquérir ou d'améliorer votre capacité de visualisation, et de créer des automatismes.

MON CONSEIL

Pour vous entraîner, je vous invite, une fois les yeux fermés, à visualiser un élément naturel en face de vous (pierre, arbre...), puis à l'imaginer sous tous les angles, en le faisant tourner tel un hologramme. Voyez ses contours, imaginez sa matière, rendez-le réel... Cet exercice vous permettra de travailler également votre concentration.

RÈGLE 16

Identifiez et mémorisez votre lieu de bien-être

Pas la peine d'aller chercher très loin dans votre mémoire pour vous souvenir d'un lieu ou d'un moment d'authentique bonheur. Un de ces instants que vous auriez aimé figer dans le temps pour qu'il dure « éternellement ». Sachez que vous pouvez prolonger ce sentiment de grande sérénité ressenti à ce moment précis et utiliser ces sensations positives pour dépasser un événement stressant ou anxiogène dans le présent.

En vous basant sur la règle 15, vous allez pouvoir ancrer solidement en vous une image ou un sentiment positif, autrement dénommé « **image ressource** ». Pour cela, il vous suffit de vous souvenir d'un lieu réel ou imaginaire, en état sophro-liminal. Lorsque l'on vit des moments très agréables, ceux-ci se gravent inconsciemment dans notre cerveau ; il suffit ainsi de les raviver consciemment, pour profiter de nouveau de la positivité qu'ils nous inspirent.

EXERCICE DE L'IMAGE RESSOURCE

1. Placez-vous dans l'état sophro-liminal (voir règle 7). À présent, laissez venir à votre esprit l'image d'un lieu qui, pour vous, représente la détente et la sérénité. Un lieu connu ou imaginaire, comme une plage de sable fin par une belle journée d'été...
2. Observez le sable blanc autour de vous et la mer calme. Calez votre respiration sur le flux et le reflux réguliers des vagues. Observez la couleur du ciel et ressentez la douce chaleur du soleil sur votre peau. Prêtez attention aux sons émis autour de vous, au bruissement du vent dans la végétation... Portez votre attention sur les odeurs, les parfums vous rappelant les vacances, la détente, la sérénité.
3. Profitez de ces moments de paix pour faire le vide dans votre tête et bénéficier des bienfaits du moment présent. Ancrez ce sentiment de paix en prenant une profonde inspiration, laissez monter en vous ce sentiment de sérénité et diffusez-le dans tout votre corps en expirant doucement. Accueillez à présent l'ensemble de ces sensations de détente dans tout votre corps.

Créez vos images ressources

Selon sa propre histoire, puiser dans sa mémoire et son passé un moment ou une image positifs suffisamment puissants pour déclencher un sentiment de sérénité dans l'instant présent peut s'avérer complexe. Je vous propose donc de créer régulièrement de nouvelles images ressources, dès que vous êtes dans un lieu qui vous inspire positivité et sérénité. **Pour cela, il vous suffit d'éveiller tous vos sens les uns après les autres, afin d'ancrer profondément ce lieu dans votre mémoire.**

1/ Commencez par observer les moindres détails de ce lieu, les couleurs, les reliefs, la végétation...

2/ Fermez les yeux et, attentivement, percevez tous les bruits environnants.

3/ Prêtez attention à chaque odeur.

4/ Touchez ou goûtez ce qui vous entoure.

5/ Finalisez cet ancrage, en sollicitant tous vos sens en même temps, et inspirez profondément avant de souffler doucement pour inscrire toutes ces sensations positives en vous.

Clarifiez votre objectif

Je vous propose de donner de l'énergie à votre objectif pour le porter vers la réussite.

EXERCICE DU BUT ATTEINT

1. Avancez le pied gauche et levez le bras gauche à l'horizontale. Prenez une profonde inspiration en levant le bras droit, et en le pliant sous l'épaule. Imaginez en face de vous une cible représentant votre objectif. Bloquez votre respiration.

2. Propulsez votre bras droit en avant, tout en expirant fortement et tout en visualisant votre objectif en face de vous.
3. Redescendez les deux bras en même temps, en replaçant les pieds dans l'alignement du bassin. Faites la même chose avec le pied droit. Terminez en effectuant cet exercice avec les deux bras en même temps, tout en visualisant la réussite.

Autorisez-vous à vous détendre

Le stress est une réaction naturelle, biologique et émotionnelle du corps en réponse à une sollicitation extérieure. C'est un effort d'adaptation de l'organisme guidé par le système nerveux autonome qui engendre une sécrétion d'hormones comme l'adrénaline et le cortisol. Pour cette raison, le stress est utile. C'est en effet grâce à lui, bien souvent, que nous parvenons à nous dépasser et à réaliser une tâche que nous n'imaginions pas pouvoir accomplir. **Le problème n'est pas le stress, mais la façon dont vous le gérez,** ainsi que sa durée dans le temps.

Si le stress ponctuel (**stress aigu**) – qui vous permet de répondre à une sollicitation dans l'instant – est positif, le stress durable dans le temps (**stress chronique**) est négatif. Responsabilités et contraintes professionnelles obligent, vous ne vous autorisez pas à prendre du temps pour vous détendre et vous imposez ainsi à votre corps un rythme qu'il ne peut pas soutenir.

DES PAUSES SALUTAIRES POUR PRÉVENIR L'ÉPUISEMENT

Il suffit de quelques minutes par jour pour éviter d'aller trop loin et de plonger dans la spirale infernale du tristement renommé burn-out (voir règle 20).

Vous pouvez éviter d'en arriver à cet extrême, en vous posant les bonnes questions : après quoi courez-vous ? Quelles sont vos sources de stress ? Ce que vous faites a-t-il du sens pour vous ? Prenez-vous le temps de vous ressourcer ?

Il est toujours possible de trouver dans son emploi du temps quelques minutes pour **penser à soi**, en se concentrant sur le moment présent.

- **Osez planifier des pauses** dans votre journée de travail **à ne rien faire pendant quelques minutes** plusieurs fois par jour pour permettre à votre cerveau de sortir du cadre dans lequel vous l'emprisonnez.
- **Apprenez à hiérarchiser les tâches** de votre journée.

Mon conseil : prendre du temps pour vous sur votre lieu de travail demande juste un peu d'organisation. Je vous invite à noter dans votre agenda des créneaux de rendez-vous avec vous-même et à les respecter !

Comprendre le stress et prévenir un burn-out

Pour en comprendre les ressorts, il est important d'appréhender le déséquilibre entre la sollicitation extérieure et les capacités que l'on a (réelles ou perçues) d'y répondre. Sous l'effet du stress, notre corps réagit en effet à cette menace en 3 phases :

- **La phase d'alarme** (mobilisation des ressources et réaction devant le « danger »).
- **La phase de résistance** (impression de faire face sans résultat et début de la période de tension avec anxiété, troubles du sommeil…).
- **La phase d'épuisement** (le stress est devenu chronique, le corps est épuisé et le burn-out proche).

Le fameux syndrome du burn-out a été identifié par le psychanalyste **Herbert J. Freudenberger**, dans les années 1970, comme un épuisement autant physique que psychologique au sein des professions du secteur *médical, paramédical* ou social.

COMMENT SORTIR DE LA SPIRALE ?

Si vous voulez sortir de la phase de stress que vous vivez, vous devez tenir compte de 3 variables : **l'intensité du stress ressenti, sa durée** (depuis combien de temps le subissez-vous ?) et **votre capacité d'absorption de celui-ci.**

Que faire pour stopper l'évolution d'un stress chronique et éviter de faire un burn-out ?

- **Commencez par identifier vos sources de stress** (motifs professionnels, enjeux ou responsabilités, nouveautés ou changements...).
- **Différenciez les situations** qui vous mettent en état de stress et celles qui vous font du bien.
- **Prenez conscience de vos limites** et osez dire non (voir règle 49) pour ne pas vous laisser imposer des objectifs inatteignables.
- **Cultivez le plaisir** (voir règle 44) et donnez du sens à ce que vous faites.
- **Trouvez un équilibre entre votre vie professionnelle et votre vie privée**, même si vous devez revoir vos objectifs ou votre organisation de travail. Vous pouvez avoir plusieurs opportunités de travail, mais vous n'aurez toujours qu'un seul corps, alors... prenez-en soin !

Vivez le moment présent

Vous remarquerez que vous vous laissez envahir par le stress lorsque vous imaginez un futur souvent plus noir qu'il ne risque de l'être réellement ou quand vous regrettez une action passée que vous ne pouvez de fait pas changer. Revenir dans le moment présent est le meilleur moyen de vous libérer des pensées obsédantes qui polluent vos journées, voire vos nuits.

COMMENT REVENIR DANS L'« ICI ET MAINTENANT »

Le cerveau étant mono-tâche et ne pouvant se concentrer pleinement que sur une chose, voici deux façons de revenir dans l'« ici et maintenant » :

• **Lavez-vous les mains en conscience :** savonnez-vous les mains sous l'eau fraîche, en prenant le temps de bien sentir le contact agréable du savon sur vos mains. N'hésitez pas à prendre du plaisir avec ce geste *simple*, mais alliant le corporel (le contact de la peau) avec le psychique (la portée du geste de se laver les mains). Je vous conseille cet exercice pour passer efficacement d'un rendez-vous professionnel à un autre.

• **Concentrez-vous sur un objet neutre :** portez toute votre attention sur un objet de votre quotidien sans attache émotionnelle (agrafeuse, bouteille d'eau, lampe, verre…), comme le ferait un enfant. Utilisez tous vos sens, découvrez-le comme si « c'était la première fois ». Si vous y lisez une inscription, concentrez-vous sur le graphisme des lettres et non sur la signification du mot.

Pour vivre le moment présent, il est important de remettre le mental « à zéro » et de lui permettre de se concentrer sur autre chose que vos idées parasites. Pratiquez ces exercices le plus souvent possible et où que vous soyez. Plus vous vous entraînerez et plus vous profiterez des bienfaits du moment présent.

N'oubliez pas que votre futur dépend de votre façon de vivre votre présent !

Acceptez vos émotions

Ressentir des émotions est naturel, mais il est important de prendre conscience **que vous n'incarnez pas ces émotions**. Il ne s'agit pas de les ignorer, car elles vous rendent bel et bien vivant, mais de les reconnaître pour pouvoir prendre du recul par rapport à elles.

Conséquences de vos pensées, qu'elles soient issues de réflexions agréables ou non, toutes vos émotions sont utiles. Elles vous permettent en effet de vous adapter à un événement déstabilisant (vous mobilisez votre corps pour les exprimer ; en apprenant le décès d'un proche, vous pleurez et libérez ainsi votre chagrin...).

LES 4 ÉMOTIONS DE BASE

Vous les avez toutes éprouvées :

- **la joie,** expression de la réussite et du partage ;
- **la tristesse,** suscitée par la perte de quelqu'un ou de quelque chose ;

- **la peur,** réaction face à un danger ;
- **la colère,** en réponse bien souvent à une injustice.

Ces 4 émotions sont complétées par diverses émotions secondaires plus complexes, impliquant généralement une autre personne, comme le dégoût, la honte, l'orgueil, la culpabilité, la nostalgie...

Une émotion est toujours de courte durée, c'est ce qui la différencie d'un sentiment, durable, lui, dans le temps et résultant d'une émotion (la jalousie, si destructrice, est souvent générée, par exemple, par la peur de se retrouver seul ou de perdre la personne aimée). Pour la maîtriser, il est nécessaire de comprendre son cheminement et de se poser les bonnes questions :

- Que ressentez-vous physiquement ?
- Comment pourriez-vous définir cette émotion ?
- Quelle en est la cause, selon vous ?
- Que pourriez-vous mettre en place pour en limiter les effets ?

Prendre du recul sur vos émotions permet de ne pas succomber à l'impulsivité. Utilisez votre souffle pour les gérer (voir règle 26), cela vous permettra de mieux les vivre sans les refouler ni vous laisser envahir.

Adaptez-vous !

S'adapter, c'est apprendre à se libérer ! Observez autour de vous et comparez une personne qui réussit à une autre en échec : la différence réside dans leur capacité à s'adapter ou non aux situations rencontrées.

S'adapter à une situation, c'est :

- **accepter le bon comme le mauvais** et aller chercher au fond de vous les capacités nécessaires pour surmonter la ou les difficultés qui se présentent à vous ;
- **éviter de vous épuiser à vouloir changer** ou maîtriser des événements sur lesquels vous n'avez pas le contrôle ;
- **accepter ce qui vous arrive et pratiquer ce que j'appelle « la politique du surfeur »**, à savoir se servir de la force de la vague plutôt que chercher à avancer à contre-courant ;
- **vous poser cette question : « Puis-je changer la situation ? »** Si la réponse est oui, que mettez-vous en place pour changer ce qui ne vous convient pas… ou plus ? Si le non l'emporte, comment faire pour avancer avec, malgré tout ?

Retrouvez un sommeil réparateur

S'il est vrai que nous ne sommes pas tous égaux face au sommeil, influencés par notre horloge biologique, nos gènes et des facteurs environnementaux propres à chacun, il est toutefois possible d'en améliorer la qualité en préparant mieux votre coucher. Si le sommeil est important pour garder la santé, il permet également d'éliminer des « déchets » produits par l'activité neuronale lors de la période d'éveil.

QUELQUES RECOMMANDATIONS

- **Prenez conscience de votre horloge biologique**, soyez à l'écoute de votre corps.
- **Évitez les portables** et toute sollicitation intellectuelle avant de dormir.
- **Créez un rituel de sommeil :** répétez chaque soir une action qui vous relaxe, avant de vous coucher.
- **Videz-vous la tête**, en écrivant sur un papier ce qui vous préoccupe.
- **Pratiquez la respiration ventrale** (voir règle 10).

RÈGLE 25

Bien se préparer avant un événement important

L'approche d'un événement important (concours, examen médical, prise de parole, entretien d'embauche...) génère souvent beaucoup de stress, ressenti mentalement autant que physiquement. Les tensions se multiplient et il est alors important de s'en libérer progressivement. Plus vous les laisserez s'accumuler, plus vous aurez du mal à faire face à la pression croissante au fil des jours.

• **Tout d'abord, utilisez votre souffle** pour éviter un trop-plein d'émotions qui vous empêcherait de canaliser votre énergie et votre attention sur le moment. Le souffle est un excellent moyen de se vider de ses émotions envahissantes et bloquantes.

• Ensuite, le stress développé avant un événement important est bien souvent, de fait, un stress par anticipation. **Il est donc important de rassurer votre mental, en limitant les projections négatives** telles que : « Et si cela se passait mal », « Et si j'avais un trou de mémoire »... **Le stress se nourrissant de l'inconnu,** plus vous visualiserez le déroulé de cet événement, moins vous laisserez de place au doute et plus vous vous inscrirez dans une spirale de réussite !

EXERCICE DE VISUALISATION AVANT, PENDANT ET APRÈS L'ÉVÉNEMENT

1. Placez-vous en état sophro-liminal (voir règle 7). Commencez par vous envisager positivement **après** votre examen : imaginez-vous, par exemple, annonçant à votre famille et à vos amis votre réussite.
2. Puis visualisez-vous **avant** votre examen, confiant et prêt à vivre cette épreuve, tout en gérant bien votre stress.
3. Représentez-vous à présent **pendant** votre examen, serein et concentré.
4. Et, une dernière fois, visualisez l'ensemble de l'examen dans sa chronologie.
5. Réitérez cette visualisation autant de fois que nécessaire, pour renforcer la confiance en vos capacités de réussite.

RÈGLE 26

Libérez-vous des tensions par le souffle

En vous enfermant dans le cercle vicieux de la rumination, vous augmentez votre perméabilité au stress. Vous avez pourtant naturellement en vous un redoutable « chevalier anti-stress » : le souffle ! Vous l'utilisez tous les jours inconsciemment, lorsqu'une personne vous ennuie ou lorsque certains propos vous touchent, pour vous libérer d'un trop-plein d'émotions.

La technique du SDN ou sophro-déplacement du négatif consiste à extérioriser toutes les sensations désagréables ou douloureuses, physiques comme mentales, en les expulsant par le souffle après une légère contraction de tout ou partie du corps et un relâchement musculaire.

Cette technique clé de la sophrologie va vous permettre de travailler sur la façon dont vous vivez le stress et les tensions physiques comme mentales. Elle permet :

- **d'évacuer le stress** issu de situations privées ou professionnelles ;

- de favoriser le lâcher-prise ;
- de vous offrir un moment de détente ;
- de revenir dans le moment présent.

EXERCICE DU SDN

1. Assis, dos bien droit sur la chaise, jambes décroisées, prenez une profonde inspiration en gonflant le ventre, et bloquez votre respiration.
2. Effectuez une légère tension de tout le corps. Identifiez vos tensions musculaires, et soufflez pour expulser vos tensions inutiles.
3. Revenez dans une respiration naturelle, et percevez les sensations dans votre corps.
4. Recommencez l'ensemble du processus, en vous concentrant sur votre tête pour évacuer toutes les pensées négatives, lors de votre souffle.
5. Répétez cet exercice une dernière fois, en vous concentrant sur toutes les tensions résiduelles physiques comme mentales.

Astuce : si vous avez du mal à visualiser vos tensions ou vos pensées parasites sortant par votre bouche, imaginez-les sous la forme de boules noires que vous expulsez loin devant vous.

RÈGLE 27

Apprenez à vous détendre en 10 minutes

Vous avez l'impression d'être à bout, tout vous énerve et vous n'arrivez plus à vous concentrer ? Il est temps de vous poser ! Il suffit de 10 minutes pour permettre à votre mental de faire une pause et de se déconnecter. Alors autorisez-vous à prendre du temps pour vous, vous gagnerez en efficacité.

UN RENDEZ-VOUS AVEC MOI

Asseyez-vous confortablement, puis fermez les yeux. Prenez trois grandes respirations et sentez les points d'appui de votre corps.

1/ Listez les soucis et les contrariétés qui vous stressent dans l'instant, et pratiquez un sophro-déplacement du négatif (SDN, voir règle 26).

2/ Mettez-vous pleinement à l'écoute de vos ressentis et prenez conscience de votre corps à présent détendu et relâché.

3/ Laissez venir à votre esprit l'image d'un lieu qui représente pour vous le calme et la sérénité. Rendez-la pleinement présente, en vous concentrant sur les couleurs, les parfums, les bruits particuliers de cet endroit réel ou imaginaire. Ancrez mentalement le sentiment positif et le calme que vous inspire cet endroit. Prenez une profonde inspiration et répandez cette sérénité tranquille dans tout votre corps, en expirant doucement.

4/ Prenez conscience des changements vécus et inscrits en vous, dans votre corps comme dans votre mental. Revenez dans une respiration naturelle, ouvrez doucement les yeux, en portant un regard positif sur la pièce dans laquelle vous vous trouvez.

Développez l'estime et la confiance en vous

La confiance en soi n'est pas innée, elle est fondée sur l'estime de soi ainsi que sur sa relation aux autres.

L'estime de soi prend ses racines dans des terrains plus affectifs que la confiance en soi : elle commence à se construire au sein de l'aire cérébrale droite (« cerveau maternel ») et se développe dans l'environnement familial dès le plus jeune âge. Cultiver votre estime vous permettra de moins vous fatiguer à « jouer un jeu » et à être vous-même.

QUELQUES PRINCIPES POUR UNE CONFIANCE AFFIRMÉE

Plus vous aurez une bonne estime de vous, plus vous développerez la confiance en vous. Vous pouvez travailler sur votre confiance de façon générale mais aussi dans un domaine particulier. Voici quelques principes pour vous conforter.

- **Acceptez-vous comme vous êtes,** avec vos forces et vos faiblesses.
- **Appuyez-vous sur vos qualités** et non sur vos défauts.
- **Soyez fier de la personne que vous êtes** et ne dépendez pas du regard des autres.
- **Appuyez-vous sur vos réussites** et ce que vous avez déjà réalisé.
- **Envisagez un objectif comme une finalité** nécessitant de franchir avec succès plusieurs étapes intermédiaires successives pour l'atteindre.
- **Soyez bienveillant envers vous-même** et autorisez-vous à vous tromper : *Nobody is perfect !*
- **Apprenez de vos échecs,** considérez-les comme faisant partie d'un apprentissage pour vous améliorer.

Cet exercice va renforcer la confiance en vous autant physiquement que mentalement.

EXERCICE DE VISUALISATION DE LA CONFIANCE

1. Placez-vous debout, les pieds dans l'alignement du bassin, et fermez les yeux en prenant trois grandes respirations ventrales pour un relâchement corporel.
2. Inspirez une nouvelle fois et levez les bras en face de vous à l'horizontale.
3. Bloquez votre respiration et visualisez devant vous le mot « confiance » ou tout autre représentation de celle-ci (par exemple, un lieu familier où vous êtes bien ou un moment précis de parfaite assurance en vous).
4. Ramenez vos bras vers la poitrine, comme pour vous remplir de cette confiance.
5. Une fois les mains sur vous, redescendez vos bras le long du corps, tout en soufflant doucement pour ancrer ce sentiment de confiance.

Recommencez l'exercice deux fois.

Prenez votre place et affirmez-vous !

S'affirmer, c'est savoir exprimer clairement ses besoins (sans agressivité), ce que l'on ressent, ce que l'on désire et surtout ce que l'on ne veut pas... ou plus.

De nombreux cas d'épuisement physique ou émotionnel sont dus à un manque d'affirmation de soi : ne pas oser dire non, ne pas oser donner son avis, faire des actions qui n'ont pas de sens pour soi...

En un mot, s'affirmer, c'est OSER !

C'est aussi un bon moyen de se faire respecter et écouter des autres. Le manque d'affirmation de soi laisse souvent place à un sentiment de frustration qui peut entraîner de nombreuses pathologies psychosomatiques.

DES OUTILS RÉFLEXES POUR VOUS ÉPANOUIR

L'affirmation de soi n'étant pas un trait de caractère, mais une caractéristique comportementale, celle-ci peut se travailler. Voici quelques bases pour l'instaurer :

- **Exprimez vos besoins en toute circonstance,** tout en respectant ceux des autres.
- **Passez de « Je ferais bien... » à « Je fais ! ».**
- Dites-vous que **vos pensées valent autant que celles des autres.**
- **Libérez-vous de croyances limitantes** comme : « Ce n'est pas la peine que j'essaie, de toute façon, cela ne marchera pas. »
- **Répondez « avec plaisir »** plutôt que « de rien » après avoir rendu service, et évitez d'utiliser le mot « petit », cela évitera de minimiser vos interventions et de vous dévaloriser.

L'exercice corporel suivant vous fera prendre conscience de votre place dans l'espace pour oser « déployer vos ailes ».

EXERCICE
« JE PRENDS MA PLACE DANS L'ESPACE »

1. Debout, les pieds dans l'alignement du bassin et la tête droite, tendez votre bras droit en avant, tout en fermant le poing et en inspirant par la bouche.
2. Retenez votre respiration et exercez de larges rotations avec le bras, puis expirez tout en stoppant votre bras dans sa position de départ.
3. Gardez le bras tendu et prenez conscience de votre espace nécessaire, de la place que vous voulez prendre dans la vie.
4. Recommencez le même exercice avec le bras gauche, puis avec les deux bras, en vous répétant : « Je suis à ma place, je prends la place qui me revient. »

Identifiez vos besoins

Être à l'écoute de soi, c'est d'abord savoir définir et répondre à ses propres besoins. Ceux-ci sont de 3 natures : physiques, sociaux et psychiques.

• **Les besoins physiologiques ou primaires** sont indispensables à la survie, comme respirer, se nourrir, se protéger du froid ou de la chaleur.

• **Les besoins secondaires** ne sont pas vitaux, mais utiles pour vivre, comme se divertir, s'habiller, avoir des amis, un foyer...

• **Les besoins fondamentaux** correspondent davantage à des besoins immatériels, comme le besoin de sens, de croyance, de sentiments...

Un bon équilibre de vie repose sur l'assouvissement de ces besoins complémentaires. Si l'une des catégories de ces besoins s'appauvrit, il est important qu'une autre se renforce, afin de pallier le manque momentané, au risque de créer un déséquilibre pouvant entraîner une perte de sens ou d'estime de soi. Conséquence du stress chronique, la perte de sens est une des causes premières du burn-out. Il est donc essentiel d'identifier vos besoins pour ne plus dépendre des autres, pour vous accepter tel que vous êtes avec vos qualités et vos défauts et trouver ce qui vous correspond pleinement.

CONNAÎTRE VOS BESOINS, C'EST COMMENCER PAR VOUS ÉCOUTER !

- Afin de savoir si vos besoins sont actuellement satisfaits, **prenez le temps de lister les plus importants** d'entre eux à vos yeux au sein des 3 catégories évoquées précédemment.
- Pour ce faire, prenez trois grandes respirations et **soyez à l'écoute de vous-même**.
- **Demandez-vous ensuite si ces besoins sont actuellement comblés.** Pour vous y aider, dessinez une droite horizontale allant de 0 à 100 et placez le curseur au niveau de satisfaction répondant à ces différents besoins.
- **Retenez celui qui correspond au positionnement le plus faible** et demandez-vous comment vous pourriez mieux répondre à ce besoin (formation, cours, capacité...).
- **En un mot : osez !**

RÈGLE 31

Prenez conscience de vos capacités

Si je vous interrogeais sur vos qualités et vos défauts, il vous serait sans doute plus facile de me citer les seconds, comme 80 % des personnes à qui la question est posée. Certaines de nos capacités ou ressources nous paraissent en effet si naturelles que nous les omettons. Pourtant, c'est en prenant conscience de vos points forts et en vous appuyant dessus que vous pourrez résoudre les difficultés et mieux gérer votre stress.

POUR UN ÉQUILIBRE DE VIE

L'état de stress est dû à un déséquilibre entre la perception de vos peurs et celle de vos ressources et capacités. Prendre conscience de ces dernières vous permettra de trouver ou retrouver un équilibre de vie. L'OMS (Organisation mondiale de la santé) conseille de développer 10 compétences psychosociales essentielles pour vivre heureux en société : savoir résoudre les problèmes et savoir prendre des décisions, avoir une pensée critique et avoir une pensée créatrice, savoir communiquer efficacement et être habile dans les relations interpersonnelles, avoir conscience de soi et avoir de l'empathie pour les autres, savoir gérer son stress et savoir gérer ses émotions.

EXERCICE D'ACTIVATION DE MES RESSOURCES

1/ Notez sur un papier au moins 10 de vos capacités.

2/ Lisez-les à haute voix pour en prendre conscience.

3/ Identifiez celle dont vous auriez besoin actuellement.

4/ Placez-vous dans l'état sophro-liminal (voir règle 7) : laissez remonter à votre esprit un moment où vous avez utilisé cette qualité comme une ressource pour régler avec succès un problème. Revivez la situation, le moment de victoire lorsque vous avez réussi. Laissez remonter physiquement ce sentiment de travail accompli, de fierté. Ancrez les sensations positives de cette capacité désormais réactivée.

RÈGLE 32

Identifiez vos valeurs

Retrouver un bien-être au quotidien requiert également de savoir pourquoi vous faites ce que vous faites. Votre travail, votre vie correspondent-ils à vos valeurs ? Celles-ci constituent votre équilibre, ce qui donne un sens à vos actions et à votre existence, sa source de motivation et la raison qui vous pousse à vous lever le matin, même lorsque vous êtes fatigué. Toutes les sphères de votre vie sont concernées : sociale, amicale, familiale, spirituelle, professionnelle...

MES VALEURS ET ACTIVITÉS LES PLUS IMPORTANTES

1/ Identifiez les 15 valeurs les plus importantes à vos yeux actuellement : amitié, amour, humour, authenticité, gaieté, vérité, tolérance, fidélité, liberté, courage, créativité, intelligence, travail, tendresse, volonté, gentillesse, beauté, bienveillance... puis classez-les par ordre d'importance.

2/ Choisissez une activité qui occupe votre temps actuellement et demandez-vous pourquoi elle est importante pour vous.

Puis répondez à ces questions :
- Quelle satisfaction vous apporte-t-elle ?
- Répond-elle ainsi à l'un de vos réels besoins (voir règle 30) ? Si oui, lequel ?
- Si non, pourquoi la faites-vous ?
- Par quoi aimeriez-vous la remplacer ?
- Que pouvez-vous mettre en œuvre pour instaurer ce changement ?

Par peur de l'inconnu, nous préférons parfois supporter une situation qui ne nous convient pas plutôt que de changer pour une autre correspondant plus à nos valeurs. Pour dépasser cette peur, je vous invite à vous visualiser dans le futur avec les avantages concrets que vous apportera ce changement, votre motivation en sera décuplée.

EXERCICE DE VISUALISATION

1. Placez-vous en état sophro-liminal (voir règle 7), puis visualisez-vous dans quelques mois en train de vivre cette nouvelle situation.

2. Percevez les bénéfices de ce changement et le sentiment de plénitude ressenti à faire enfin ce qui vous correspond. Ancrez en vous, par une profonde respiration, ces sensations positives.

Libérez-vous de vos croyances limitantes !

« Je n'ai pas de chance », « Je suis nul(le) »... qui n'a jamais eu de telles pensées ? Répétées une fois, elles sont balayées par le flot des 60 000 pensées journalières, mais assénées régulièrement, elles deviennent des croyances qui vous empêchent de vous épanouir.

REMPLACEZ VOS CROYANCES LIMITANTES

Notre vie est influencée par des croyances ancrées parfois dès le plus jeune âge. Si certaines nous poussent à nous améliorer, d'autres nous enferment dans un système de pensées restreint. Il est donc important d'identifier et de remplacer ces croyances limitantes.
Identifiez une croyance négative, par exemple : « Je suis nul(le) », et répondez à ces questions :
- Qu'est-ce qui vous fait dire cela ?
- Que cela vous apporte-t-il d'y croire ?
- Quel serait votre avantage à changer cette croyance ?
- Par quoi pourriez-vous la remplacer ?

Ancrez la nouvelle croyance (voir règle 13).

Soyez épanoui(e) sexuellement

Loin d'être anecdotique, votre vie sexuelle a de nombreux impacts sur votre comportement au quotidien et permet de vous sentir plus en accord avec votre corps.

Démontré par de nombreuses études, l'état de sérénité que la diffusion d'endorphine par le cerveau induit après chaque orgasme est bon pour le système immunitaire. Mais bien souvent, le stress, les soucis ou une surcharge de travail entraînent une baisse de la libido...

LES REMÈDES

1/ Libérez-vous des tensions accumulées, voir règle 26.
2/ Retrouvez votre calme, voir règle 10.
3/ Reprenez conscience de votre corps et de vos ressentis, voir règle 4.
4/ Stimulez votre plaisir, voir règle 13. Sachez que le meilleur moyen d'entretenir votre libido, c'est de... pratiquer !

Boostez votre mémoire

S'il est une chose dont on a besoin, quel que soit notre âge, c'est d'une bonne mémoire. Outre son utilité pour apprendre et enregistrer des informations, elle construit votre identité et votre confiance.

QUELQUES CONSEILS D'ENTRETIEN

Lorsqu'une information parvient à votre cerveau, deux possibilités s'offrent à lui : la conserver quelques millisecondes, en se basant essentiellement sur ce que vous voyez et entendez (il s'agit alors de mémoire à court terme, autrement dénommée « mémoire de travail »), ou la stocker pour une longue période avec toutes les informations conscientes et inconscientes. Dans les deux cas, il est important d'entretenir votre mémoire grâce à une alimentation équilibrée, un bon sommeil et des exercices simples et réguliers, comme celui qui consiste à vous remémorer avant de vous endormir votre journée et les noms des personnes que vous avez rencontrées.

1/ Installez-vous confortablement en tailleur sur votre lit et placez-vous dans l'état sophro-liminal (voir règle 7).
2/ Commencez par vous remémorer la tenue que vous portiez aujourd'hui dans ses moindres détails.
3/ Puis déroulez votre journée en commençant par votre matinée.
4/ Si vous êtes parti travailler en voiture, retracez votre parcours en vous souvenant par exemple du nombre de feux rouges. Si vous avez utilisé les transports en commun ou la marche à pied, visualisez les visages des gens croisés.
5/ Dressez une liste de personnes à qui vous avez parlé et rappelez-vous de leur nom et prénom.
6/ Faites travailler tous vos souvenirs sensoriels, repensez à une odeur que vous avez appréciée, une musique que vous avez entendue...
7/ Puis prenez conscience des belles choses vécues durant cette journée.
8/ Revenez progressivement dans votre corps et notez certains détails vérifiables sur un papier pour constater le lendemain si votre mémoire est juste.
9/ Pratiquez régulièrement cet exercice, vous serez surpris du résultat !

Développez votre créativité

Si la créativité est un facteur indispensable pour aller chercher en soi ses propres ressources, c'est parce qu'elle est exponentielle. Plus vous créez, plus vous avez envie de créer et plus vous vous créez de nouveaux neurones. Albert Einstein l'affirmait d'ailleurs : « La créativité, c'est l'intelligence qui s'amuse. » Afin de développer cette créativité, il est important de stimuler l'hémisphère droit de votre cerveau, siège des émotions et de l'intuition, que nous tendons à délaisser au quotidien au profit de l'hémisphère gauche, siège de la rationalité et de la logique.

DANS LES PAS DE L'ÉVEIL...

- **Prenez du temps seul** et laissez votre esprit vagabonder.
- **Soyez curieux de tout,** une idée en entraînant une autre.
- **Notez vos idées** et consultez-les régulièrement.
- **Jouez à des jeux de société** pour stimuler votre cerveau.

Parlez en langage positif

Si la sophrologie se base sur le positif, le mental semble parfois avoir plus de facilité à ancrer le négatif. Si vous vous dites régulièrement : « Je ne dois pas stresser » au lieu de « Je dois rester calme », **sachez que vous faites l'inverse de ce que vous voulez faire et ancrez le stress au lieu de vous en libérer.** Effectivement, pour enregistrer une information, le cerveau intègre d'abord le sujet de votre phrase et seulement ensuite la négation.

- **Utilisez donc des phrases affirmatives,** afin que votre cerveau enregistre clairement le message que vous voulez lui faire passer.
- **Identifiez et notez les expressions négatives** que vous utilisez par automatisme et trouvez-leur un équivalent positif.

Développez votre bienveillance

Dans la sphère privée comme professionnelle, la bienveillance est une source de mieux-être. Nous savons désormais, en effet, que cette inclination développe la production des « hormones de l'amour » (ou ocytocine). Faire preuve de bienveillance rend donc heureux. Les entreprises en sont d'ailleurs parfaitement conscientes et invitent leurs employés à la développer au sein des équipes.

Il est donc important de vous traiter vous-même également avec bienveillance. D'une part, parce que vous ne pouvez donner aux autres que ce que vous avez en vous, et d'autre part, parce que cela accroît votre confiance en vous.

COMMENT LA CULTIVER ?

- **Donnez-vous le droit d'être humain**, donc… imparfait.
- **Écoutez vos besoins** (voir règle 30).
- **Prenez conscience de vos qualités.**

- **Vivez pleinement vos émotions** (voir règle 22).
- **Ne propagez pas de rumeurs.**

Ce dernier conseil rejoint le thème du test dit « des trois passoires » que Socrate soumettait à toute personne venue lui rapporter une rumeur à propos d'un ami. Je vous laisse l'apprécier... pour mieux l'appliquer !
À cette personne, le philosophe posait 3 questions :
– Avant de me le raconter, as-tu vérifié que le propos que tu veux me rapporter est bien la vérité ?
Devant une réponse négative, Socrate poursuivait ainsi :
– Ce que tu veux m'apprendre sur mon ami, est-ce quelque chose de bien ?
Face à une nouvelle réponse négative, Socrate continuait comme suit :
– Tu souhaites donc me raconter de mauvaises choses sur mon ami, sans savoir si elles sont vraies ? Dis-moi, enfin, s'il est utile que tu m'apprennes ce que mon ami aurait fait ?
Au troisième non, Socrate concluait : « Si ce que tu as à me raconter n'est ni vrai, ni bienveillant, ni utile, pourquoi vouloir me le dire ? »

Surmontez un deuil

Le travail de deuil est un travail qui requiert du temps et une adaptation au vide, au manque qui s'installe après la perte d'un être cher, d'un travail ou d'une relation sentimentale. **Elisabeth Kübler-Ross**, psychiatre suisse spécialisée dans la fin de vie, a identifié 5 étapes dans le processus de deuil, incluant le risque de stagner dans l'une d'entre elles, sans pouvoir avancer vers la dernière, à savoir l'acceptation de la perte et des nombreux changements inhérents.

LES 5 ÉTAPES DU DEUIL

• **Le déni :** « Non, ce n'est pas vrai, pas possible, il doit y avoir une erreur... »

• **Mon conseil :** travaillez votre respiration, afin de calmer les crises d'angoisse (voir règles 10 et 11), et travaillez sur votre corps pour rester dans la réalité et ne pas vous laisser emporter par la mélancolie du passé.

• **La colère** envers soi ou envers les autres, avec le risque de s'enfermer dans un sentiment de culpabilité.

Mon conseil : libérez-vous de cette colère pour éviter de la retourner contre vous ou contre votre entourage (voir règle 26).

- **La négociation,** à savoir la recherche de compromis avec soi ou « le ciel », en se disant qu'il y a peut-être une chance pour que cela ne soit pas vrai.

Mon conseil : travaillez avec le principe de réalité objectif et ancrez-vous dans l'« ici et maintenant » (voir règles 21 et 23).

- **La dépression :** une grande tristesse durable, engluante, susceptible de vous mener à la dépression.

Mon conseil : laissez vos émotions s'exprimer pour mieux les gérer (voir règle 22), et visualisez les bons moments partagés avec la personne disparue ou les bénéfices que vous tirez aujourd'hui du travail jusqu'alors effectué.

- **L'acceptation** ou la prise de conscience que rien ne sera comme avant, mais qu'il faut avancer et s'adapter à la situation en gardant les bons moments vivants au fond de soi.

Mon conseil : recentrez-vous sur vos valeurs (voir règle 32), remettez-vous en mouvement pour avancer sereinement (voir exercice de la règle 50).

RÈGLE 40

Apprenez à gérer vos douleurs

La douleur participe de la vie... Mieux, c'est un signal d'alarme vous alertant que quelque chose dysfonctionne dans votre corps. La douleur est donc, paradoxalement, une bonne chose. Il existe deux types de douleurs : la douleur aiguë, qui est une alerte ponctuelle, et la douleur chronique, qui dure dans le temps et devient une maladie à part entière. Si la médecine seule peut soigner la cause du mal, vous avez la possibilité grâce à votre mental de transformer la sensation douloureuse en une autre sensation.

LE BLEU POUR APAISER

Pour soulager la partie douloureuse de votre corps, je vous invite à vous concentrer dessus et à la colorier mentalement en bleu. La couleur bleue représentant le froid et le rouge la douleur, cette substitution aura un effet calmant.

Optimisez votre concentration

Dans une société où les sollicitations sont nombreuses et le « zapping » un mode de vie, il devient difficile de se concentrer sur une seule chose.

Lorsque vous pensez à deux choses ou que vous effectuez deux actions au même instant, vous stimulez la partie inconsciente de votre cerveau. L'esprit conscient fonctionnant de façon analytique et séquentielle, seule une action qu'il a le temps d'analyser pourra être enregistrée. Alors recentrez-vous régulièrement sur le moment présent et appliquez les exercices de la règle 21.

RÈGLE 42

Prenez la parole en public avec facilité

Dans notre monde d'hyper-communication, savoir prendre la parole est devenu un enjeu important. Pourtant, tout le monde ne se sent pas à sa place debout sur scène ou assis autour d'une table de réunion pour défendre ses idées. Si c'est votre cas, sachez que tout un chacun peut devenir un bon orateur, car les principaux blocages viennent de vous le plus souvent : manque de préparation, trous de mémoire, méconnaissance de quelques règles de communication, peurs irraisonnées comme le regard des autres, la pensée de ne pas être intéressant, d'être ridicule... Autant de craintes qui peuvent se transformer en trac très inhibant.

Le trac étant une forme de stress sans menace réelle à la base, il sera nécessaire d'identifier les peurs et les raisons qui vous font redouter ce moment.

CROYEZ EN VOUS ET EN VOTRE SUJET, ET LE PUBLIC FERA DE MÊME

1/ Prenez conscience de l'importance de la respiration ventrale (voir règle 10).
2/ Libérez-vous des tensions physiques comme mentales (voir règle 26).
3/ Soyez dans le moment présent (voir règle 21).
4/ Ayez confiance en vous (voir règle 28).

Un message passant autant par les mots que par le corps, je vous invite à pratiquer l'exercice qui suit (voir p. 78) pour vous installer dans un cercle de confiance et de positivité, comme vous le montre ce dessin.

EXERCICE DU CERCLE DE CONFIANCE

1. Placez-vous debout, les pieds dans l'alignement du bassin et les mains le long du corps. Prenez une profonde inspiration, puis bloquez-la.
2. Concentrez-vous sur votre bassin pour le maintenir stable et immobile tout en prenant conscience de votre ancrage dans le sol.
3. Mettez doucement vos épaules en mouvement de façon latérale, tout en gardant les bras totalement détendus.
4. Formez un cercle invisible avec vos bras, comme un cercle de sérénité, un espace où vous avez confiance en vous.
5. Remplissez ce cercle d'une couleur qui, pour vous, représente le calme et la confiance.
6. Prenez conscience du sentiment de calme et de sécurité qui s'installe en vous, puis expirez.

Mon conseil : reproduisez ce cercle mentalement une fois sur scène avant de prendre la parole.

Dépassez vos peurs

« N'ayez pas peur d'avoir peur... » **La peur est une réaction naturelle et utile de notre corps, au même titre que le stress.** La peur peut s'avérer bénéfique et vous sauver la vie, en vous faisant réagir spontanément face au danger. Elle est également un « garde-fou » susceptible de vous éviter d'aller trop loin.

Mais la peur peut également se révéler un frein, générer des croyances limitantes pour fuir la confrontation (voir règle 33) et se transformer en phobies. Trop souvent, la peur de l'échec ou de la réussite nous entraîne sournoisement dans une spirale d'auto-sabotage.

REPROGRAMMEZ VOTRE CERVEAU

Travailler sur une peur ne fera que la renforcer, agissant dès lors comme un automatisme. Mais que faire ? Travailler une nouvelle fois le corps et l'esprit !

- **Revenez dans votre corps** et prêtez attention à votre respiration pour la contrôler.
- **Substituez cette appréhension** ou cette phobie par une image rassurante pour « reprogrammer » votre cerveau et dissiper progressivement tout sentiment anxiogène.

EXERCICE DE LIBÉRATION DES PEURS

1. Placez-vous dans l'état sophro-liminal (voir règle 7).
2. Visualisez un contexte anxiogène ou phobique que vous voulez dépasser.
3. Revivez les premiers moments de cet événement à travers tous vos sens. Une fois que vous commencez à percevoir des sensations anxiogènes, visualisez une image ressource (voir règle 17) apaisante et prenez conscience de la sérénité qu'elle vous inspire.
4. Substituez à présent vos sensations de peur par les ressentis agréables et positifs que développe en vous l'image ressource visualisée.
5. À chaque inspiration, vous vous emplissez de positivité et, à chaque expiration, vous vous libérez de toute négativité. Sentez la détente remplacer progressivement tout sentiment anxiogène.
6. Ancrez ce sentiment de calme retrouvé, en soufflant doucement, pour le diffuser dans tout votre corps.

Faites du bonheur une priorité !

« Qu'est-ce que je serais heureux si j'étais heureux… » Cet aphorisme de Woody Allen illustre bien la course au bonheur dans laquelle beaucoup s'enferment. Les experts sont d'accord pour dire que le bonheur dépend à 40 % de nous-mêmes, 50 % de la génétique et 10 % de circonstances extérieures à nous, **ce qui signifie que le bonheur est pour moitié entre nos mains**… Et pour le développer, il suffit de faire des choses simples :

- **Soyez bienveillant** avec les autres et… avec vous-même (voir règle 38).
- **N'attendez pas de remerciements** pour aider une personne : l'altruisme accroît la notion de bien-être.
- **Soyez déjà heureux de ce que vous avez,** avant de vouloir autre chose de mieux.
- **Soyez reconnaissant.**
- **Prenez 5 minutes** chaque soir pour visualiser tous les moments positifs que vous avez vécus dans la journée.

RÈGLE 45

Souriez pour être plus heureux !

Savez-vous que le rire comme le sourire sont des réponses efficaces à une période de stress ?

Le sourire diffuse automatiquement dans votre corps des « hormones du bonheur », comme les endorphines ou la dopamine qui sont des neurotransmetteurs du plaisir.

Le rire modifie, quant à lui, le corps, réalisant un véritable massage interne et décontractant votre visage comme votre abdomen.

Il a également été démontré que les personnes optimistes se laissent moins influencer par des relations toxiques ou des situations anxiogènes, alors, souriez et riez, c'est bon pour la santé !

Montesquieu l'affirmait : « La gravité, c'est le bonheur des imbéciles. » Ainsi, sourire devant votre miroir dès le matin vous aidera à prendre du bon côté ou avec recul les événements de la journée.

Vous n'avez pas envie de rire ? Alors « trompez votre cerveau » consciemment pour qu'il développe automatiquement de la dopamine, comme avec cet exercice ci-dessous de relâchement simple. Vous pouvez aussi vous aider avec la visualisation :

1/ Fermez les yeux et imaginez une personne que vous aimez en face de vous.

2/ Souriez-lui.

3/ Ressentez la chaleur de ce sourire dans votre tête ainsi que dans toutes vos cellules.

EXERCICE POUR SE RELÂCHER ET RIRE

Sautez sur place en relâchant tout le haut du corps, comme si vous étiez un pantin, et laissez-vous aller à rire de cette situation. Plus vous vous relâcherez, plus vous rirez et plus cela vous sera bénéfique !

Apprenez à lâcher prise

Apprendre à lâcher prise, c'est vous autoriser à laisser le passé au passé, pour profiter pleinement de l'instant présent (voir règle 47). Apprendre à lâcher prise, c'est aussi mettre tout en place pour atteindre un objectif et laisser les choses advenir, sans stresser quant au résultat. Apprendre à lâcher prise, c'est encore prendre conscience que vous accordez souvent trop d'importance à des choses ou à des détails qui ne méritent pas autant d'attention. Apprendre à lâcher prise, c'est enfin accepter de ne pas pouvoir tout contrôler, accepter vos limites, les reconnaître et en tenir compte.

LIBÉREZ VOS TENSIONS ÉMOTIONNELLES ET PHYSIQUES

Puisque nous évoquons le lâcher-prise, il nous faut également aborder les nombreuses résistances que nous activons consciemment ou inconsciemment, lorsque nous sortons de notre zone de confort.

Ces blocages émotionnels se cristallisent et se transforment en tensions physiques.

Avant de vouloir lâcher prise, il est donc important, d'une part, de comprendre ce qui nous retient et, d'autre part, d'identifier les peurs qui nous empêchent d'avancer. Le lâcher-prise corporel facilitant le lâcher-prise mental, il est essentiel dans un premier temps de travailler sur le corps.

EXERCICE DE LÂCHER-PRISE

1. Placez-vous debout, les mains le long du corps, les yeux fermés ou entrouverts.
2. Levez les bras devant vous, les paumes de mains et les doigts écartés, tout en inspirant.
3. Bloquez votre respiration et secouez les mains de gauche à droite, comme pour dire au revoir.
4. Ramenez vos mains vers vos épaules tout en les secouant, puis laissez-les tomber en soufflant.
5. Recommencez cet exercice deux fois, en visualisant des post-it *collés* au bout de vos doigts représentant ce qui vous empêche d'avancer et ce dont vous voulez vous débarrasser (personnes toxiques, pensées négatives...).

Laissez le passé au passé

Il est souvent difficile de laisser derrière soi certains événements du passé. Souvent, notre mental ressasse des situations (parfois anodines). Si tel est votre cas, posez-vous ces questions :
- Pouvez-vous changer ce qui est passé ? Non ! Alors, à quoi cela sert-il de vous rendre malade pour une chose que vous ne pouvez plus modifier ?
- Est-il nécessaire de souffrir deux fois pour la même chose ? Vous rendre malade pour des propos passés revient à donner du pouvoir à la personne qui les a proférés et à vous placer en tant que victime, est-ce réellement ce que vous désirez ?

Vous interroger ainsi participe au travail qui va vous permettre de vous libérer de ces ruminations inutiles. Si ces moments du passé sont si difficiles à oublier, c'est à cause des émotions qui leur sont liées. Je vous propose donc une visualisation à même de vous débarrasser de toutes ces émotions parasites qui vous empêchent d'avancer.

EXERCICE DE VISUALISATION

1. Commencez par attribuer des couleurs à vos émotions désagréables (exemples : rouge / colère, noir / peur, jaune / frustration…).

2. Puis placez-vous dans l'état sophro-liminal (voir règle 7).

3. Visualisez-vous dans un paysage méridional, au sommet d'une colline, et prenez le temps d'apprécier le calme qui s'en dégage.

4. Découvrez, en regardant vers la mer, une barrière entre vous et la plage.

5. Approchez-vous et voyez que ce mur est constitué de milliers de pans de tissus multicolores représentant toutes vos émotions désagréables ou ruminations dont vous n'arrivez pas à vous libérer.

6. Traversez ce mur d'étoffes en prenant conscience, à chaque lé de tissu retombant derrière vous, de votre libération d'une émotion inutile, d'une pensée anxiogène ou d'une croyance limitante.

7. Sortez du mur face à la mer avec la sensation d'un nouveau départ !

Recentrez-vous avec la « sophro des cinq sens »

Une bonne connaissance de soi permet de vivre plus en harmonie. Pour mieux se connaître et s'accepter tel que l'on est, il est nécessaire de faire un voyage au cœur de soi-même, de ses ressentis, et donc de ses sens. Le stress, les nouvelles technologies ou cette course effrénée à l'efficacité nous éloignent de nos perceptions. **Pourtant, chaque information que votre cerveau reçoit est filtrée par nos cinq sens afin de pouvoir en faire une analyse complète.** Nous cherchons, par exemple, à « garder la ligne », en privant notre corps de nourriture au lieu de retrouver le goût des aliments, procurant davantage de plaisir et un sentiment de satiété.

Afin de redécouvrir ces perceptions, voici une technique alliant sophrologie et méditation qui va vous permettre de vous réapproprier vos cinq sens.

EXERCICE POUR REDÉCOUVRIR VOS SENS

1. Asseyez-vous le dos droit sur une chaise, les mains sur vos genoux. Concentrez-vous sur toutes les odeurs qui vous parviennent, qu'elles soient agréables ou désagréables, et méditez sur l'importance de votre odorat.
2. Puis méditez sur la fonction gustative de votre bouche, prenez conscience de votre salive, de son importance pour manger et savourer.
3. Posez les coudes sur vos genoux et portez vos mains en coquillage sur vos oreilles, concentrez-vous sur les sons que vous créez en bougeant les mains.
4. Continuez avec la vue, en plaçant les mains devant vos yeux. Bougez-les sans les ouvrir, en vous concentrant sur vos globes oculaires et leur fonction. Laissez entrer plus ou moins le jour à travers les doigts pour varier la lumière.
5. Terminez par le toucher, en vous redressant sur votre chaise : explorez votre corps de haut en bas, votre tête, votre peau puis vos habits. Prenez conscience de la différence de texture sous vos doigts. Finalisez l'exercice avec la chaise sur laquelle vous êtes assis(e).

RÈGLE 49

Apprenez à dire « non » calmement

Par excès de gentillesse ou dans l'espoir de se faire accepter dans un groupe d'amis ou au sein d'une entreprise, il n'est pas toujours facile d'oser dire « non ». Pourtant, décliner une offre ou une demande permet de vous faire respecter, vous, vos envies et vos limites. Professionnellement, cela démontre votre détermination et votre libre arbitre. Personnellement, tout accepter de vos amis ou de votre famille reviendrait à passer pour « la bonne copine » ou le « bon copain » que l'on ne prend toutefois pas très au sérieux. De même, avec les enfants, savoir dire « non » développe leur sens des responsabilités ainsi que leur créativité.

DIRE « NON » AUJOURD'HUI, C'EST VOUS OFFRIR LA LIBERTÉ DE DIRE « OUI » DEMAIN

Pour vous entraîner, posez-vous une simple question : « Est-ce que j'ai envie ou le temps de faire ce que l'on me demande ? » Concentrez-vous sur vos valeurs et vos besoins pour trouver la réponse. Soyez dans l'intentionnalité et, une fois encore, écoutez-vous. Au sein de votre travail, clarifiez vos attentes, vos valeurs et vos priorités, afin de vous sentir plus libre de déterminer vos propres limites... sans culpabiliser !

Pour vous aider dans les premiers temps, anticipez votre refus en commençant par signifier à votre interlocuteur que vous comprenez la situation, mais que vous ne pouvez pas répondre à sa requête maintenant – et cela sans vous justifier. Puis proposez-lui une alternative et soyez dans l'échange. Autorisez-vous également à prendre, si besoin, un moment pour évaluer la situation et répondre en conscience, vous n'en serez que mieux compris. Cet exercice simple va vous aider à conscientiser le « non », mais aussi le « oui », en utilisant un ancrage corporel.

EXERCICE D'ANCRAGE CORPOREL DU « NON » ET DU « OUI »

Prenez une grande inspiration et tournez doucement votre tête de gauche à droite, comme pour dire « non », puis expirez. Dans un second temps, recommencez de haut en bas, comme pour dire « oui ». Faites cet exercice en face de votre miroir de salle de bains, par exemple.

Prenez plaisir à vous entraîner au quotidien

L'un des « secrets de réussite » de la sophrologie – méthode progressive – réside dans un entraînement régulier et la triple répétition de chaque exercice dite « vivantielle » qui se découpe en 3 phases :

- **La découverte.** La première fois, désireux de bien faire, vous êtes dans la technique et non à l'écoute de vos ressentis.
- **La conquête.** Vous avez compris la teneur de l'exercice, vient donc le temps de vous approprier celui-ci, de mettre en place consciemment les moyens d'atteindre l'objectif que vous vous êtes fixé.
- **La transformation** laissant place au changement.

LE TEMPS DU CHANGEMENT

L'esprit comme le corps ont besoin de temps pour intégrer de nouveaux schémas et de nouvelles façons de fonctionner.

- **Préférez un exercice par jour** plutôt que de vouloir tous les pratiquer à la suite, car bien souvent, une fois l'attrait de la nouveauté passé, l'entraînement devient une contrainte et n'a plus l'impact positif attendu.
- **Prenez du plaisir et écoutez-vous,** car personne ne sait mieux que vous ce qui vous convient !
- **Avancez à votre rythme :** les profonds changements nécessitant du temps, allez-y pas à pas.
- **Pensez à faire des « pauses d'intégration »,** pour n'être que dans vos ressentis, et intégrer, en conscience, tout le vécu positif de l'exercice.

Je vous propose de conclure ce livre avec l'exercice de la marche virtuelle afin d'avancer consciemment, dès aujourd'hui, vers votre bien-être.

EXERCICE DE LA MARCHE VIRTUELLE

1. Commencez à marcher sur place, les yeux ouverts et en respirant naturellement.
2. Levez les pieds en décomposant le mouvement de la marche.
3. Imaginez-vous avancer avec plaisir et confiance.
4. Sentez vos pieds, vos mollets, vos jambes et votre bassin se mettre en mouvement et avancez mentalement vers votre bien-être.